호수와 바다 이야기

Am Wasser

호수와 바다 이야기

Am Wasser

마르틴 발저 · 요한나 발저 외 지음
크빈트 부흐홀츠 그림 / 조원규 옮김

민음사

옮긴이 조원규

1963년 서울에서 태어났다. 서강대학교 독문학과와 동대학원을 졸업하고 독일에서 독문학과 철학을 전공했다. 1985년 《문학사상》에 시를 발표하며 등단했고 시집으로 『아담, 다른 얼굴』, 『이상한 바다』, 『기둥만의 다리 위에서』, 『그리고 또 무엇을 할까』 등이 있다. 옮긴 책으로는 『호수와 바다 이야기』, 『몸, 숭배와 광기』, 『새로운 소박함에 관하여』 등이 있다. 현재 창작과 아울러 대학 강사와 번역가로 활동하고 있다.

호수와 바다 이야기

1판 1쇄 펴냄 2001년 2월 28일
1판 9쇄 펴냄 2021년 10월 15일

그린이   크빈트 부흐홀츠
지은이   마르틴 발저 외
옮긴이   조원규
발행인   박근섭, 박상준
펴낸곳   (주)민음사

출판등록 1966. 5. 19. (제16-490호)
주소   서울시 강남구 도산대로1길 62
          강남출판문화센터 5층 (06027)
대표전화 02-515-2000   팩시밀리 02-515-2007
www.minumsa.com

한국어 판 ⓒ (주)민음사, 2001. Printed in Seoul, Korea
ISBN 978-89-374-9123-8 03800

Am Wasser

by Martin und Johanna Walser, illustrations by Quint Buchholz

Copyright ⓒ Sanssouci im Verlag Nagel & Kimche AG 2000
All rights reserved.
Korean Translation Copyright ⓒ 2001 MINUMSA
Korean translation edition is published by arrangement with
Sanssouci im Verlag Nagel & Kimche AG.

이 책의 한국어판 저작권은 Sanssouci im Verlag Nagel & Kimche AG와
독점 계약한 (주)민음사에 있습니다.
저작권법에 의해 한국 내에서 보호를 받는 저작물이므로
무단 전재와 무단 복제를 금합니다.

우리는 물가에 앉아 있다. 바닷가이거나 호숫가에. 하늘과 물을 가르는 가느다란 접합선은 분간하기조차 어렵다. 넋을 놓고, 때로는 긴장해서 평편한 수면 저 건너를 바라보는 일. 거기 어딘가에 하늘과 물이 만나 그려놓은 수평선이 분명 있을 것이다. 낯선 형상으로 짐을 싣거나 또 사람들을 태운 선박이 몇 척 시야를 가로지른다. 그러자 세계를 두 배로 만들었던 거울이 깨어지고 수면이 일렁이기 시작한다. 평화롭던 풍경은 일그러지고…….

크빈트 부흐홀츠가 보여주는 물의 풍경은 세계가 변하기 전의 순간들이다. 그 풍경은 행복에 젖거나 불안에 물들어 가늘게 떤다. 그리고 낯선 세계로 변화하려 한다. 크빈트 부흐홀츠는 바로 그 변화하기 직전의 거짓말 같은 순간을 포착한다. 그리고 요한나와 마틴 발저에게 그림을 보고 텍스트를 써주도록 부탁했다.

그들 두 사람은 모두 고적하고 아름다운 보덴 호수를 마주하고 살아가며, 이성과 상상력의 경계 지대를 근사한 언어로 표현해 낸다.
저명한 작가 50명과 함께 그림책을 선보였던 부흐홀츠의 이번 책은, 호수와 바다, 그러니까 물의 이야기라고 할 수 있다. 우리들 마음에 잔잔히 일어나는 동요에, 우리는 마술에나 걸린 것처럼 불현듯 뭔가를 깨닫게도 될 것이다.

뮌헨, 1999년 겨울.
미하엘 크뤼거.

전혀 기대하지 못했던 풍경이 건네는 설레임.
혼란스러운 짧은 순간이 문득 창조의 빛을 발할 때 느끼는 기쁨.
혼돈이라는 또 다른 질서.

어우러져 함께 한 소리를 내는 것, 그것은 한 척의 배와 같았다. 연주하는 사람들은 배 안에서 안전하였다. 끝도 없는 바다. 그들은 천천히 배를 저어 나아간다. 어우러져 함께 소리를 낸다는 것. 위험 속의 안온함.

행복의 울타리 저 너머를 건너다보지 않기.
그것이 바로 참 행복일지도…….

내 친구 하나는 남을 이끄는 유형이었다. 그는 나도 역시 자신이 가고자 하는 곳으로 이끌려고 했다. 언제나. 온데 사방으로. 그건 내겐 좀 낯선 일이었다. 나는 혼자서 돌아다니는 편이었으니까. 그는 바로 옆방에 갈 때에도 나를 이끌고 가려 했다. 난 원치 않았고 어딘가 다른 곳으로 가고 싶었다. 나는 그와는 상관없이 산책도 마음 내키는 곳으로 갔다가 돌아오곤 했다. 언제부터인가 그는 나를 이끌어줄 필요가 없다는 것을 눈치채는 듯했다. 그가 자신을 이끌듯 나도 스스로를 이끌며 산다는 사실을 알아챈 것이다. 어쩌면 그가 누군가를 이끌고자 한 것은 실은 자신이 이끌려가고 싶었던 때문이 아니었을까. 아무튼 우리는 이제 서로 이끌기 따위는 하지 않기로 했다. 다만 때때로 둘이서 함께 가보고 싶은 곳에만 갔다가 돌아오곤 했다. 이를테면 아름다운 풍경 속으로 말이다.

지금 자세를 내보이시라. 보는 이, 아무도 없으니.

그는 언어라는 방패가 있어 현실 앞에서
안전하다. 어쩌면 진실로 현실이 되어
닥쳐올 위험은 그에게는 없다.
뭔가 일어난다면 언어를 통해서일 뿐.
언어라면 그는 맞설 수 있으니까.
그래서 그는 또 살아간다.

헤엄이란…… 헤엄칠 수 있다고 믿는 일.

지금 내가 하는 일이 빚어내는 결과를 내가 견딜 수 있을까?

있잖아. 누구든 내가 적이 많은 사람이라고 믿는다면 내가 그런 생각을 말끔히 없애줄 거야. 어떤 경우든 말이지.

또 그게 누구든 나의 적이라고 믿는 경우에도, 그런 잘못된 생각을 내 신속히 없애주겠어.

그러니까 있지 않은 경우가 있는 경우. 난 저 있지 않은 경우를 향해서 희소식을 띄워 보내겠지. 있지 않은 경우라는 그들의 착각을 곧 사라지게 만들어주겠다는 거야.

그런데 말이지. 언젠가 그들이 한 번은 있을 거라는, 있을 수 없는 경우에 대해서는?

사람들의 끝없는 잡담. 퍼붓는 그 위로 나는 쓰러진다.
그들은 공허하게 지껄이고 또 되뇌인다. 얼굴은 맞대고 있으나
눈길은 서로 다른 곳을 향하며 각자의 얘기를 쏟아내는 사람들.
그들이 들어줄, 혹은 들을 수 있는 귀를 갖게 된다면?

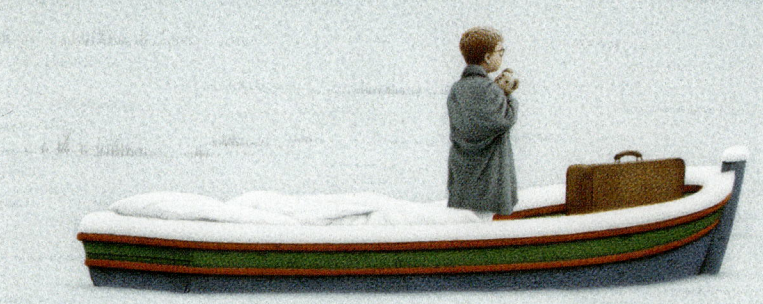

저 백조가 또 날고 있군. 더러운 뭉치에서는 빗방울이 떨어지네. 삶에 가까워질 때 말야. 그런데 어쩐 일인지, 마시고 마셔도 저 백조는 떨어지는 일이 없어? 더러운 빗물을 맞으며 술 단지 속을 저렇게 빙글빙글 날아다닌단 말야.

한 남자가 있었다. 그는 여자들을 보면 겁을 내려고 했다. 거울 앞에 한참을 서서 겁먹은 듯한 눈표정을 연습한 것임에 틀림없었다. 어쨌든 여자들은 그를 놀라워했다. 그러나 그에게 무슨 문제가 있는 건지 여자들은 알 수가 없었다. 여자들은 차라리 그를 피하는 편이었다. 겁을 주고 싶지는 않았으니까. 암암리에 그렇게 하는 게 그를 보호하는 일이라고 생각했다. 어쩌면 죽을 때까지 여자들을 겁내고자 할 거라는 소문도 있었다. 그런데 그 자신은 여자들이 자기만 보면 저항할 수도 없이 빠져들고 만다는 생각을 하고 있었던 거다.

어느 날 좁은 길을 걷고 있었는데, 돌연 길 저편 끝에서 모르는 여자가 걸어오는 것 같았어. 왜 그랬을까. 분명 나를 향해 천천히 걸어오고 있었는데. 그런데 그녀는 가까워지지 않고 멀리에만 있었어. 그래서 나는 생각했지. 그녀는 다만 내가 지어낸 이미지일 뿐이구나. 하지만 그때에도 그녀는 쉬지 않고 나를 향해 걸어오고 있었어. 나는 그 모습을 바라보며 마냥 또 행복했지.

여러 개의 언어를 알았으면 했지.
　　내가 나와 이야기를 나눌 때만 사용할, 그 누구도 이해할 수 없는, 내 심연의 언어와 알 수 없는 먼 나라에서 온 사람들과도 이야기를 나눌, 수많은 낯선 말, 말들을.

누군가 고백하듯 말했다. 한 무리의 사람들이 어떤 이야기 속에서 사악한 인물 하나를 발견했다는 것이다. 그 사람들 속에는 그도 포함돼 있었다. 그건 아무도 예기치 못한 발견이었는데, 사람들은 온 세상을 뒤져서라도 이야기 속에 등장하는 사악한 인물이 정말 실제로 존재하는지, 그러니까, 문학의 밖에서도 존재하는지를 알아보러 나설 참이라는 것이었다. 어쩌면 그 사악한 인물은 사람들이 현실 세계에서 찾아내길 원했던 자일 것이다. 혹은 극장에서 옆에 앉은 사람이 지금 무대 위에서 연기되고 있는 바로 그 어떤 인물과 다를 바가 없을 거라는 생각과 통했다.

그럴 리가 없다고 생각하시나? 우선 관객들을 모두 의심해 볼 만하지 않을까? 더 나아가서 우리 인간 모두에게 혐의가 있지 않을까? 허구는 실제와 같을 수가 없다고? 허구 속에 등장하는 인물들은 저마다 서로 다르다고 할 수도 있을 것이다. 라이프니츠의 이론이다. 이 철학자의 관점은 아주 단순하게 요약할 수 있다. 그러니까, 이 세상의 그 어떤 것도 아주 같지는 않다. 뭔가는 항상 다르다. 거의 모든 게 그렇다. 이는 언어로 창조된 것은 결코 있어본 적도, 지금 있지도, 또 앞으로도 있을 수 없다는 말이다. 언어 자체, 그리고 언어로 꾸며진 것은 무엇이든 이미 있었거나, 현재 있거나, 앞으로 있게 될 무엇과도 다르다는 것이다. 그런데 어떤 이들은 이 말을 현실 속의 인물이 허구의 인물보다 훨씬 더 흉악할 거라는 얘기로 받아들인다. 그렇다면 이야기를 지어내는 사람은 보다 덜 위험한 유형을 만들어내기 위해 허구 속에 등장하는 인물에게서 한 수 배워야 할지도 모르겠다.

잠자는 숲속의 공주는 어디서 왔을까? 운좋은 한스와 은하가 된 별, 슈테른탈러는 어떻게 태어났을까? 개구리 왕자와 틸 오일렌슈피겔은? 이런 전설과 민담이 있었다는 사실은 얼마나 다행스런 일인지 모른다. 그들은 이야기 속에 머물렀기에 우리가 찾아 헤맬 필요가 없다. 내가 찾곤 하는 공원 나무에 이런 메모지가 붙어 있었다. <슈테른탈러를 찾습니다. 어디에 가면 만날 수 있을까요? 가르쳐주세요.> 사설탐정을 고용한다고 해도 소용없는 일. 이 세상 어디에도 그들은 없다. 심리학자는 이렇게 말한다. 그런 인물들은 저마다의 마음속에 숨어 있을지도 모른다고.

옷장 속에 걸려 있는 옷 한 벌. 천사가 찾아오면 입으려고 두었지. 때로는 옷장 안에서 그 옷이 혼자 빛을 반짝거리곤 해. 천사가 오면 어떨까……. 그런 기대에 빠져 있나 봐. 하지만 천사는 영영 오지 않아. 그러니 하는 수 없이 옷장 속에서 혼자 침침할 뿐.

숨기는 게 뭔지 결코 보여주지 않겠어. 내가 숨긴다는 사실 정도는 알겠지만. 그렇다면 내가 숨기는 게 뭔지도 쉽게 알 수 있겠는걸.

내가 바라본 그 별이 나를 이해한 것 같아.
우리의 언어가 통했던 거라구.

기뻐해 다오. 나 이제 불행 속에서 침몰한다.
감히 넘볼 수 없던 기운이 내 안에서 마구 휘돌고 있다.

알던 사람들 가운데 몇몇은 그들에게서 내가 뭔가를 가져가 주기를 바랐다. 그랬다. 나는 그들을 기쁘게 해주고 싶었다. 나는 힘껏 그들의 뭔가를 매우 교묘하고 멋진 솜씨로 가져왔다. 말하자면 그건 즉흥적으로 이루어진 일이었다. 내가 빼앗어 온 것은 알고 보니 굉장히 크고 멋진 것이었다. 어쩐지 내 친구들은 기색이 별로 좋아 보이지 않았다. 심각한 얼굴로 나를 바라보는 건 알겠는데 그게 무슨 의미인지 잘 몰랐다. 또 다른 친구들은 그 소식을 듣고는 기쁜 표정이었다. 그런데 처음엔 내가 뭔가를 빼앗아 주기를 바랐던 사람들의 태도가 돌변했다. 마치 자기들은 그런 사실이 없다는 양 무서운 얼굴로 화를 내었다. 소원을 풀어주어도 만족 못하는 사람들이 있다. 어쨌든 이 일이 있고부터 그들은 나를 석연찮은 눈빛으로 바라봤다. 갈수록 화를 내기도 했다. 나로선 힘들게 공들여 해준 일이었는데 이제 와서 화를 내고 원망하다니. 나는 그들이 원할 때마다 그것을 빼앗아 가져옴으로써 어려운 시험을 통과한 셈이었다. 그들은 나를 시험했고 나는 그 시험을 통과한 거였다. 어쩌면 그들은 이전에 품었던 소망에 대해 후회하는 것이 아닐까? 그들이 내게 넘겨준 훌륭하고 굉장히 큰 무엇을, 나는 그들의 집에 다시 몰래 가져다 놓을까 생각도 했다. 처음부터 그들은 내가 그것을 가져갈 수 없을 거라고 맘대로 생각했을지도 모른다. 그렇구나…… 생각하니 그럴 가능성이 크다. 나는 그들의 집을 지날 때마다 어떻게 하면 그걸 몰래 갖다 놓을까 궁리했다. 하지만 다행히도 그때마다 정원 부근에는 사람들이 있었다. 그 멋진 걸 되돌려주기 위해 일부러 울타리 너머로 던져버릴 수는 없는 노릇이었다. 그렇게 대담히 행동했더라면 낭패를 보았을지도 모른다. 또 화가 날 대로 나 있는 그들이 정원에 던져진 그 것을 보고 어떤 반응을 보일지도 미지수였다. 그래서 결국 내가 계속 갖게 된 것이다. 그들이 내 곁에 있을 때나 내 곁을 지나갈 때면 나는 그들이 그것을 쉽게 다시 가져갈수 있도록 허슬하게 쥐고 서있었다. 하지만 그들은 가져가지 않았다. 마치 내가 분통을 터뜨리며 노려보는 편을 더 즐기는 듯했다. 화를 낼 구실이 필요했을 뿐인지도 몰랐다. 그렇다면…… 내가 그들에게 해준 일은 그러니까, 화를 낸 이유에 불과했던 것일까, 결국 그들은 내게 투덜대며 화를 낼 이유가 생긴 것이다. 내게서 그것을 되돌려 받음으로써 화를 낼 구실이 사라진다면 더욱 심하게 화를 낼지도 모를 일이었다. 그들이 진실로 소망한 것은 이것이었는지도 모르겠다. 화를 낼 이유가 전혀 없다는 것에 화가 나는것. 그렇다면 나는 이제 그들의 소원을 풀어주는 일 따위는 하지 않으련다. 그리고 누군가 구걸하듯 간청을 한다 해도 이제는 아무에게서도 그 무엇도 가져오는 일은 없을 것이라고 사람들에게 알렸다. 사람들은 또 이걸 구실삼아 내게 화를 내려고 하겠지. 화를 내고자 하는데 이유 따윈 필요없을 테니까. 또한 원하기만 하면 화를 낼구실 따위 만들어낼 만큼은 누구나 똑똑한 법. 꼭 경찰 같군!

다정한 마음으로, 또한 증오로 영영 입을 다물어버린 나.

더 할 수 없이 놀라운 일. 그건 분명
폭풍이었는데, 저토록 잔잔해질 수도 있구나.

시험관

그들은 시험 볼 사람을 찾아다녔다. 내게도 시험을 보라고 했다. 뭔가 대단한 오해가 있었던 모양이다. 난 시험 따윈 안 보는 사람이거든. 난 갑자기 재미있는 생각이 떠올라, 그들에게 서로 시험을 보도록 하면 어떻겠냐고 말했다. 사람들은 누군가에게 시험을 보게 하고 싶은 모양이다. 그리고 시험관은 늘 준비되어 있었다. 그러니 역할을 번갈아 가며 시험을 보기만 하면 될 것이었다.

내가 어느 왕의 아들을 만난 얘기 해줄까? 사실 그는 거지나 다름없었어. 그 사실을 숨기려고 금관을 쓰고 긴 망토를 걸쳤던 거야. 하지만 나는 그와 함께 어디를 가든 그를 왕자라고 소개했어. 그의 망토를 꿰매주기도 했고 무거울 것 같아 들어주기도 했지. 그에겐 나 말고도 다른 여자친구들이 있었어. 물론 나도 다른 친구들이 있었고. 우린 그냥 서로가 서로의 친구들이라고 불렀어. 우정이란 또 다른 우정을 배제하는 것이 아니니까. 새로 우정이 시작된다고 해서 이전의 우정이 깨지는 일은 없어야 해. 우정이란, 또 다른 우정을 위해 작별을 고하는 이유가 될 수는 없지. 우리는 모두 저마다의 왕국을 소유하였고 서로 경쟁할 일도 없었단다. 저마다 자신만의 긴 망토를 걸쳤고 또 저마다 그 망토를 들어주는 사람도 있었거든.

식물을 탐구하며 살아간다면 어떻겠나? 식물을 탐구하다 보면 끝도 없이 기쁨을 느끼게 되거든. 난 정말 권해 주고 싶네. 하루에 한 번씩 물을 주면서 식물을 길들이고 이끌어주게. 명령을 내릴 수도 있다네. 그러면 식물은 느긋하고 친밀하게 반응해 올 걸세. 꽃을 피우기도 하면서 말이야. 긴장하며 염탐하는 일 따위는 필요치 않아. 식물은 꾀를 피우거나 그른 짓을 하지는 않으니까. 밤낮없이 말을 걸어도 그들은 조용할 뿐이지. 그 어떤 중요한 정보나 비밀이라도 그들에겐 맘놓고 이야기해도 좋아. 하지만 그렇다 해도, 자신에게 모든 걸 털어놓고 스스로에게 명령하는 것보다 좋은 건 없겠지. 식물들 입장에서도 그 편을 더 좋아할 걸세.

왜 진작 나는 나무로 변해 버리지 못했나. 흐르는 물이라도 될 수 있었을 테다. 앞으로, 앞으로만 흘러 나아가는. 혹은 차라리 한 개 돌이어도 좋았을 것을.

하모니에서 전해지는 도달할 수 없는 존재에의 느낌. 모든 걸 포용하고 또 모든 것에 스며드는…… 어쩌면 불협화음 가운데에서 하모니를 동경하는 바로 그것이 하모니에 다름아닐 것이기에.

피아제는 반사 작용이 사고의 기본 패턴이라는 사실에서 출발했을 뿐이다.

세상 어딘가에 물망초가 자라고 있을까, 그는 망원경으로 살폈다.

이젠 모두 힘을 합해야 한다는 사실을 눈치 채시기들 바란다.

그럼 안녕. 정말 고마웠어.

아름다운 세상에서 불행해하는 것, 그것은 올바른 태도가 아니지. 나 역시 그렇게 생각해.

그 그림은 얼마나 다양한 해독의 가능성을 품고 있었는지. 누군가는 그림을 보기만 하고 어떤 해석도 꾸며내지 않으며, 단지 그림이 전달하는 언어가 그림을 정확히 재현해낼 수 없다는 점만을 음미하고 있을 수도 있다. 반면, 그림을 보고 바로 유희로 들어설 수도 있다. 유희의 규칙은 다양할 것이고. 보는 사람이 규칙마저 만들어내어도 좋은 것이고.

모조품이 먼저 알려진다면, 훗날 원본은 그 사실에 고통받는다.

눈에 덜 띈다고 해서 과연 삶도 그만큼 적다고 할 수 있을까.

착각.

비어 있되 차갑지 않음. 친밀한 기다림. 뭔가가
돌아오기를. 대상이나 힘, 혹은 어떤 분명한 것. 그런 예감.

물이여, 노래하라.
네 안에 살고 있는 소리를 깨워 불러내라.

밤이면 항복할 수밖에.

버려도 버려도 끈질기게 쫓아오는 그림자, 나 자신.

그는 자신과의 관계를 소중히 여겼다. 자신을 소홀히 하지 않았다. 인간을 탐구하려고 마음 먹은 뒤부터 자신을 탐구해왔다. 그는 자신에 관해 온갖 것들을 다 알아냈다. 자신을 관찰하고 귀를 기울였으며, 숨은 뜻을 밝혀내고 스스로를 묘사하기도 했다.

자신 안에 인간의 모든 것이 있었다.

자신과 이야기를 나눌 수 있었다. 그러니까 말을 하는 자인 동시에 듣는 자가 된다는 것이 어떤 일인지 체험하기도 했다. 날이면 날마다 밤과 낮 구분 없이 자신을 들여다보고 탐구했다. 그가 아는 한 뭔가를 더 알아낼 다른 방법은 없었다. 다른 누군가를 어디론가 이끌어 데려가고자 할 때면, 그는 자신을 그곳으로 이끌었다.

악마와의 교섭에도 자신을 내어놓았다. 그런 실험에 그는 전 인생을 내걸었고, 지루해지거나 하는 일은 없었다. 결국 자신에 관한 방대한 저술을 남길 수 있었으며, 자신에 관한 영화를 찍기도 했다. 그리고 혼자서 그것들을 관람하며 어떤 영화가 특별히 더 애정이 가는지, 또 자신과 어떤 관계가 있는지를 깨달았다. 이 모든 일들에 그는 다른 그 누구도 필요하지 않았다.

밤과 낮. 날이면 날마다, 어디를 가든, 그의 과제는 자신을 이끄는 것이었다.

자신보다 더욱 역력한 지휘자는 어디에도 없었다. 자신의 지휘자가 된다는 것. 그 이상의 승리와 성공은 없었다. 나이를 불문하고 여자들도 마찬가지였다. 그리고 모두가 자신의 길을 발견하였다. 참으로 다행이지만 행복으로 이끄는 행복의 길을.

주변 인물이 주인공으로 변신할 때……

남자와 살게 되면 여자들이 잃어버리게 되는 그 무엇. 또한 이를 통해 더럽혀지고. 우울한 희극.

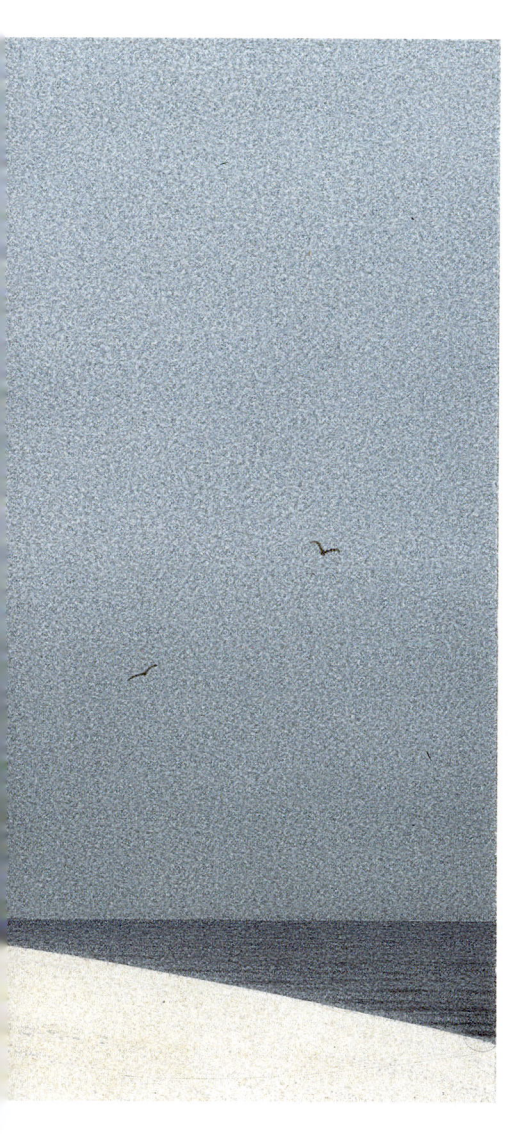

바라건대, 지치지 말기를. 제발 그러하기를.
모든 것이 유한하다면, 무의미 또한
끝이 있을 터이니.

내 몸의 근육들이 내게 말한다.
난 지금 나 자신을 체험하는 중이야.
정말 기뻐.

올해 나는 지난 그 어느 때보다도 나이가 들었다.

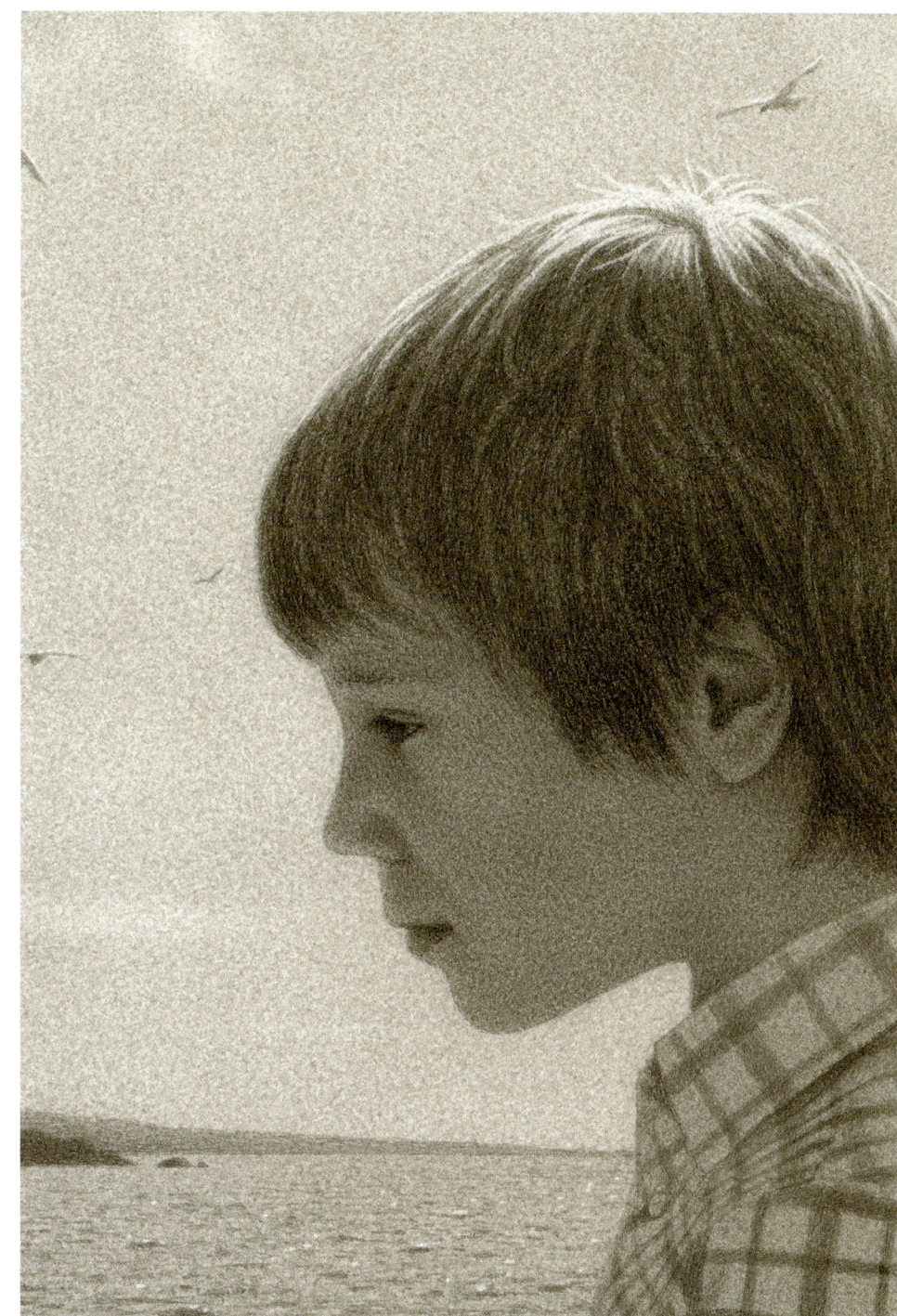

우리는 음향이 숨쉬는 궁전에 산다.

난 생각도 못했어. 그런 일이 생길 줄은 말야.

하늘에서가 아니면 일어날 수 없는 일.

갈매기 하늘에 분분하다. 울부짖는다. 스치는 동작들 불길 같다. 깊은 하늘 심연 속으로 솟구친다, 경계선 사라진다, 튕겨져 나와 추락한다. 길게 곡선 그리며 멀리 사라져간다.

길 떠난 모피동물 사냥꾼, 그리고 이상주의자.

사랑스러운 이들이 찾아올 거예요. 당신이 그 어디에 있든 말예요. 하지만, 하지만 말예요. 가장 사랑하는 이는 오지 않아요.

개인과 시선

> 이 글은 미리 읽지 않는 편이 좋습니다. 책의 감흥이 빛바랬을 때나 혹시 한 번쯤 들춰보시기를 권합니다.
> ― 옮긴이 올림

0.

그 그림은 얼마나 다양한 해독의 가능성을 품고 있었는지. 누군가는 어떤 해석도 꾸며내지 않으며, 단지 언어가 그림을 정확히 재현해 낼 수 없다는 점만을 음미하고 있을 수도 있다. 반면, 그림을 보고 바로 유희로 들어설 수도 있다. 규칙은 다양할 것이고. 보는 사람이 규칙마저 만들어내어도 좋은 것(71쪽).

1. 시선

유명한 화가이자 일러스트레이터인 크빈트 부흐홀츠는 풍경의 침묵을 잘 아는 사람인 듯하다. 얼핏 풍경과 정황을 소박하게 재현한 듯한 그림들이 있고, 또 어딘지 꿈같은 분위기의 초현실적인 그림들도 있다. 그림들의 한결같은 공통점은, 어쩐지 고요함이다.

파도는 치는데, 파도소리가 들리는데, 어떻게 고요할 수 있단 말인가? 이 지점에서 우리는 문득 고요와 적막은 세계의 상태이기보다는 그림에 담긴 시선의 방식이었음을 깨닫게 된다. 그 시선이 귀로 느낄 수 있는 것 이상의 침묵을 느끼게 한다.

그림들에 덧붙여진 요한나와 마틴 발저의 텍스트들도 그다지 해설적이지는 않다. 그래야 할 것이다. 풍경의 비밀에 자신만의 비밀로 맞서 무게의 중심을 잡듯, 어쩌면 저항하듯, 그렇게 텍스트들은 역시 독립적인 자세로 버티고 선다. 그리하여 그림과 글은, 표면적인 의미의 공유를 거부함으로써 서로를 존중하는 방식을 취한다. 다름은 긴장이고, 이로부터 예술이 원하는 것은 바로 <전혀 예기치 못한 풍경이 건네는 설레임>(6쪽)이다.

그러나 텍스트는 그림을 닮아 침묵으로 향하여 갈 수는 있지만, 침묵 자체일 수는 없다. 소리 없는 영화에 비로소 음향이 첨가되듯, 때때로 텍스트들은 그림들의 침묵을 깨뜨려 주고, 혹은 오히려 그림의 침묵을 절대로 건드리지 않겠다는 듯 먼 외곽으로만 돌며 아이러니컬한 설화를 들려준다. 텍스트의 설화가 그림을 휘감아 들이는 예는 극히 드물다.

2. 침묵

이 책 속의 침묵과 고요함을 명쾌히 지시할 단어를 떠올리기는 어렵다. 누가 왜 무엇을 침묵하는가고 물을 수 있을 것이다. 무엇을 침묵하는가고 물을 때, 침묵은 말에 대한 적극적인 반대의 상태가 된다. 과연 침묵과 고요함은 같지만은 않은 것이다.

<다정한 마음으로, 또한 증오로 영영 입을 다물어 버린 나>(46쪽)는 누구인가? 다정한 마음이거나 증오의 심정이지만, 결국은 한결같이 침묵하고 마는 삶의 태도 속에 비로소 한 개인이, 작지만 견고한 외로움의 존재가 나타난다. 이 개인은 사전 속의 표준어로서의 개인이 아니라, 방언적인 개인이다. 방언과 표준어 사이, 혹은 대문자 보편과 소문자 특수 사이엔 거리가 있다. 그 거리에 대한 자의식이 바로 이 책 속의 알고 보면 소란한 침묵의 의미가 아닐까?

누가 왜 무엇을 침묵하는가? 개인이 거리(距離)를 침묵한다. 그 침묵은 무심한 듯 긴장스럽고, 고요하지 않다. 그것이 이 책 속에서 그림이고 말이 되어 나타난다.

3. 개인

물론 이제 누구도 <나폴레옹>이 아니다. <남을 이끄는 유형>(12쪽)들도 있지만, 나는 그런 이끎을 달가워하지 않는다. 자신만을 이끌 뿐인 이는 <나폴레옹>이 아니라, 저마다 나폴레옹들 가운데 하나일 뿐이다.

그래서 그는 <식물을 탐구하며 살아간다면 어떻겠나?>(54쪽) 하고 질문하고, 시험 볼 사람을 찾아다니는 사람들에겐 유희처럼 서로가 시험관이 되어보라고 반조롱을 한다(50쪽).

세상 속에서 우리는 전형(典型)이 아니라, 외로운 개인들이다. 전형들이란 단지 <저마다의 마음속에 숨어 있을>(34쪽) 뿐이다.

오, 그런가? 그렇다면 마음속을 들여다볼까? 과연 <자신과의 관계를 소중히(87쪽)> 여길 법하다. 나와 나의 관계엔 여전히 극적인 긴장이 서려 있다.

<자신 안에 인간의 모든 것이 있었다.>(87쪽) 저마다 나폴레옹인 개인은 <전 인생을 걸고>, <악마와의 교섭>마저 마다하지 않는다(87쪽).

<자신보다 더욱 역력한 지휘자는 어디에도 없었다. 자신의 지휘자가 된다는 것. 그 이상의 승리와 성공은 없었다.>(88쪽)

그리고 마침내 <주변인물이 주인공으로 변신>(90쪽)한다. 비록 <불행 속에서 침몰>하더라도 <감히 넘볼 수 없던 기운이 내 안에서 마구 휘돌고 있다.>(42쪽)

이렇게 해서, 진짜 삶은 그저 내면적인 것이 되었다. 여기에 이 책 전체의 아이러니컬한 질문이 있다. 내면성이란 단지 왜소한 삶, 소통이 부재하는 세상의 표지일 뿐일까? 적막하고 진부한 외면의 삶과는 다른 내면적 충만이 있다고 하자. 그러나 그런 내면이란 것도 실은 어딘지 우스꽝스럽고 자기 중심적인 독백으로만 드러날 뿐이 아닌가. <(……) 결코 보여주지 않겠어. 내가 숨긴다는 사실 정도는 알겠지만. 그렇다면 내가 숨기는 게 뭔지도 쉽게 알 수 있겠는걸.>(38쪽)

이 책의 가장 시적인 부분들은 단독자적 내면의 시선으로 체험되는 풍경들이다. 그 신비한 아름다움이 자폐적이고 독백적인 개인성과 어울리며 갈등할 때 우리는 문득 개인에 관한 포괄적인 질문을 떠올리게 된다.

4. 아름다움

조용하고 아름다운 그림들이 있고, 그 침묵에 사려 깊게 뿌리를 내린 언어들이 있다. 흠없는 세계와 자아만이 우리에게 의미와 기쁨을 준다고 생각해야 할까?

<아름다운 세상에서 불행해 하는 것, 그것은 올바른 태도가 아니지. 나 역시 그렇게 생각해.>(68쪽) 내 안엔 <비어 있되 차갑지 않음. 친밀한 기다림. 뭔가가 돌아오기를. 대상이나 힘, 혹은 어떤 분명한 것. 그런 예감>(69쪽)이 있다.

이 책은 개인을 평가하거나 정의하지 않는다. 대신 어떤 시선의 방식을 통해 개인됨의 섬세한 뉘앙스를 느끼게 한다. 우리는 그 시선에 젖어들기도 하고, 때로는 그 시선 자체를 대상으로 삼는다.

이 책을 보고 있을 때, 누군가는 물을 것이다.
「무슨 생각 해?」
「글쎄, ……아무 생각도 안 해」
하지만 물론 이 질문과 대답 사이에 우리에겐 <알겠다는 웃음>이 스쳐갈지도 모른다. 혹은 섬뜩한 아름다움이나 까닭 모를 기억의 부침(浮沈)이 있을지도 모른다.

모든 독서가 이미 그런 것이 아닐까? 그렇다고 할지라도 이 책은 그런 사실을 마저 일깨워준다. 굳이 뜻하지 않았어도 우리는 이미 어느 만큼씩은 삶을 그렇게 살아왔다는 것. 즉, 고독한 줄도 모르고, 풍경을 바라보고 있었다는 것을 말이다.

2001년 2월 20일
조원규(시인)